1001 messages de SAGESSE

LAROUSSE

Édition originale
Titre original : *1001 Ways of Wisdom*

Édition française

Traduction de Luc Rigoureau
Mise en pages : les PAOistes

ISBN : 978-2-03-591636-5

Imprimé en Chine
Dépôt légal : avril 2015
316321/01 - 11030376 - mars 2015

Sommaire

Introduction

Nous passons notre vie à chercher la sagesse, un savoir qui nous permette de comprendre le sens de notre existence et d'agir au mieux. L'âge venant, nous espérons pouvoir utiliser notre intelligence et notre expérience pour régler les problèmes que nous rencontrons. Tantôt, nous échouons ; tantôt, nous réussissons. Mais quoi

qu'il arrive, nous restons cependant conscients qu'il nous faut apprendre, tant des autres que de nous-mêmes. Ce petit livre, destiné à vous aider dans cette démarche, vous propose une réserve de paroles sages où puiser. Profondes ou comiques, elles datent de toutes les époques, proviennent de multiples cultures. Sans garantir absolument que vous deviendrez sages à votre tour, cet ouvrage vous amènera à réfléchir et, qui sait, vous permettra de vivre plus sereinement.

Qu'est-ce que la sagesse ?

La sagesse va au-delà de la simple connaissance ; elle implique discernement et expérience, intelligence et compassion ainsi que bien d'autres qualités. Comment y parvenir ? Pourquoi en avons-nous besoin ? Quand devons-nous l'utiliser ?

C'est moins le savoir qui nous rend sages que l'usage que nous en faisons.

L'échec contribue plus à la sagesse que la réussite.

Nous ne devenons sages qu'après avoir appris à considérer tous les humains comme nos égaux. Là où subsistent les préjugés, point de sagesse.

Si la chandelle de l'amour se consume vite, la flamme de la sagesse, elle, ne s'éteint jamais.

La sagesse naît de l'écoute ;
les regrets, des bavardages.

La connaissance est le meilleur antidote à la peur.

Le sage sait que le pardon est un état d'esprit, pas une posture occasionnelle.

La raison gouverne le sage et corrige le sot à coups de bâton.

Les ennuis sont source d'expérience ;
l'expérience, source de sagesse.

La sagesse, c'est un regard extérieur autant qu'un regard intérieur ; c'est regarder vers l'avenir autant que regarder vers le passé.

Le sage sait que ne pas répondre est une réponse en soi.

On est connu à jamais par les traces qu'on laisse.

Proverbe amérindien

Le sot se précipite dans les endroits que les anges craignent de fouler.

Soyez bon en toute occasion. On regrette plus souvent de ne pas avoir été bon que de l'avoir été.

Un poème commence dans le ravissement et s'achève dans la sagesse.

Robert Frost

Personne n'a jamais résolu
un problème à quatre heures
du matin. Mieux vaut retourner
se coucher et s'éveiller avec les
idées claires. À la lumière du jour,
on retrouve le sens de la mesure.

**Il n'y a pas plus triste
que tout connaître,
car l'homme vit
pour s'interroger.**

La sagesse diffère de la connaissance. Un individu peut savoir bien des choses et être un sot. De la même façon, l'homme simple est parfois un grand sage.

Ne réparons pas ce qui n'est pas cassé.

L'âge n'apporte pas toujours la sagesse. Quelquefois, il arrive les mains vides.

Connais-toi toi-même mieux que ceux qui parlent de toi.

La connaissance divise le monde.
La sagesse l'unifie.
Proverbe brésilien

L'ignorance est un défaut. S'y complaire est pire.

Humilité et connaissance engendrent la sagesse.

La connaissance va et vient, la sagesse perdure.

Lord Alfred Tennyson

Il y a de la sagesse à savoir ce qu'on a besoin de savoir et à être assez sage pour ne point le divulguer.

La connaissance, c'est savoir que la rue est à sens unique. La sagesse, c'est regarder des deux côtés quand même.

L'homme sage se tait dans les périodes troublées.

Ésope

La sagesse est une compréhension profonde des hommes, des événements et des problèmes. Elle exige avant tout qu'on maîtrise ses émotions pour que ce soit la raison et la connaissance qui déterminent nos actes, et non la passion.

La procrastination est une voleuse de temps.

La sagesse, c'est savoir ce qui est juste et être capable d'agir en conséquence.

Personne ne saurait être sage tout le temps ; même l'homme le plus sage est sujet à la sottise.

Soyez sage : faites le meilleur usage de ce que vous savez et de ce que vous êtes en mesure de faire avec ce que vous savez.

D'après les Grecs anciens, la philosophie est l'amour de la sagesse.

La sagesse, c'est savoir *pourquoi* les choses sont comme elles sont, et pas seulement qu'elles *sont* comme elles sont.

La sagesse est la plus grande des vertus.

Soyez plus sage
que les autres
si vous le pouvez
mais ne leur dites pas.

**Le sot s'émerveille,
le sage s'interroge.**
Benjamin Disraeli

Avouer qu'on s'est trompé hier prouve qu'on est sage aujourd'hui.

Un sage voit ce qu'il faut faire
et agit en conséquence sans
qu'il soit nécessaire de
lui expliquer comment.

Le sage suggère, le sot décide.

Le manque d'amour est la plus grande pauvreté.

Mère Teresa

Avant d'espérer devenir sage, il faut commencer par le début et apprendre à voir les choses telles qu'elles sont.

On ne laisse pas d'empreintes sur le sable du temps en restant assis.

Qui reste calme fait preuve d'une grande intelligence ; qui s'emporte montre sa bêtise.
La Bible, Livre des Proverbes 14:29

La sagesse consiste à comprendre ce qui, dans la vie, a de la valeur pour soi-même et autrui, et à y tendre.

Les efforts et la foi déplacent des montagnes.

La sagesse est un mélange de connaissance et d'expérience dont on se sert pour améliorer son bien-être.

On reconnaît une femme sage quand les autres lui demandent conseil.

La sagesse est le plus beau don fait à l'homme.

Un sage n'évoque jamais sa sagesse, à moins qu'on ne l'en prie.

Un bon miroir est le meilleur ami de l'homme.

Celui qui connaît les hommes est prudent.
Celui qui se connaît lui-même est éclairé.
Celui qui dompte les hommes est puissant.
Celui qui se dompte lui-même est fort.

Lao-tseu

Écoutez les taiseux. Ils sont peut-être ceux qui en savent le plus.

Sage est celui qui s'est libéré de la haine et de la peur.

Les mots sont des armes puissantes qui défendent toutes les causes, les bonnes comme les mauvaises.

La sagesse a posteriori n'est d'aucune utilité. ***Proverbe indien***

L'on peut juger du vrai caractère d'un homme à la manière dont il traite ceux qui ne lui sont d'aucune utilité.

Je ne veux ni gémir sur le passé qui n'est plus, ni rêver follement de l'avenir qui n'est pas. Le devoir de l'homme se concentre sur un point, l'action du moment présent.

Cardinal Mercier

L'ignorance est la nuit de l'esprit, mais une nuit sans lune ni étoiles.
Confucius

Réprimandez avec de douces paroles et de forts arguments.

Les jeunes parlent
de ce qu'ils feront ;
les vieux, de ce
qu'ils ont fait,
et les sots, de ce
qu'ils veulent faire.

Parler sans réfléchir, c'est tirer sans viser.

La fortune sert le sage mais commande au sot.

Agir en fonction de l'instant présent est ce qu'il y a de plus sage. *Horace Walpole*

Le sage change souvent d'avis, tandis que le sot campe sur ses positions coûte que coûte.

Il n'y a pas de fin aux bonnes choses.

La sagesse n'est
sagesse que
si on y accède
à force d'erreurs.

Les vrais sages cherchent constamment la sagesse ; les sots pensent l'avoir trouvée.

Avant de viser, pense à avoir une cible.

Ne marche pas derrière moi,
Il se pourrait que je m'égare.
Ne marche pas devant moi,
Il se pourrait que je ne suive pas.
Marche près de moi,
Que nous ne fassions qu'un.

Proverbe amérindien

Absence de sagesse est plus
à plaindre qu'absence de richesse.

Nul homme ne naît sage. La sagesse ne s'apprend pas, elle est une aventure sans destination connue.

Savoir qu'on est comblé vaut toute fortune.

La sagesse est comme l'obscurité, où toutes les couleurs s'accordent.

Mieux vaut être trompé parfois que ne jamais faire confiance.

La moralité, c'est comprendre qu'il faut traiter les autres de la même façon qu'on souhaiterait être traité.

Nous ne cessons de commettre des erreurs en essayant de devenir sages. Mais si nous renonçons à tenter d'être sages, nous ne saurons plus que nous commettons des erreurs.

Le chemin de la sagesse est raide et caillouteux ; il faut du courage pour s'y lancer.

Conduisez-vous de façon à apporter beaucoup de joie à vos amis et aucune à vos ennemis.

Le sage aime parfois
jouer au sot.

Chaque jour au réveil, nous renaissons ; nous avons une nouvelle occasion de repartir de zéro.

La sagesse consiste à savoir quand parler et quand garder le silence.

N'approche pas le bouc par devant, le cheval par derrière et le sot de tout côté. ***Proverbe juif***

Il est vain de se quereller à propos de religion. Toutes les grandes religions visent le même but : l'éveil spirituel. Simplement, elles choisissent pour ce faire des chemins différents.

Le sot bavarde ; le sage parle.

La sagesse dote nos actes d'une autorité incontestable.

Sans sagesse, la richesse est vaine.

Que ton pied soit léger au printemps :
la terre-mère est sur le point d'accoucher.
Proverbe amérindien

Satisfais-toi de tes besoins, non de tes désirs.

Le génie se distingue de la sagesse. Le premier est un don, alors que la seconde est un art qu'il faut apprendre à maîtriser.

Le sage regarde et entend comme les petits enfants. ***Lao-tseu***

Il n'y a pas plus sot que celui qui se vante d'être sage.

Le sage ne cesse jamais d'apprendre.

Pour résoudre un problème, il faut d'abord admettre qu'on s'est peut-être trompé.

Le paradoxe du sage, c'est qu'il sait qu'il n'est pas sage.

Le sage se doit d'avoir différents types de savoirs. Connaître le but de l'existence ; évaluer si ce but est atteignable ; trouver comment y parvenir ; comment éviter le danger ; comment saisir l'occasion ; comment comprendre autrui et soi-même ; comment endurer les difficultés de la vie ; enfin et surtout, comment en savourer les joies.

Petite leçon sur les relations humaines :

Les six mots les plus importants :
J'avoue : je me suis trompé
Les cinq mots les plus importants :
Bon boulot, bravo à toi
Les quatre mots les plus importants :
Qu'en penses-tu ?
Les trois mots les plus importants :
Veux-tu bien... ?
Les deux mots les plus importants :
Mille mercis
Le mot le plus important : « nous »
Le mot le moins important : « je »

La sagesse, c'est : l'acceptation ;
la gratitude ; l'attention ;
la gentillesse ; la patience ;
l'implication ; l'émerveillement ;
la sagacité ; l'empathie ;
le respect ; l'intégrité ; la joie ;
l'intelligence ; le courage ;
l'équanimité ; la coopération ;
la sérénité ; l'honnêteté ;
la curiosité ; l'ouverture d'esprit
et bien d'autres qualités encore.

Chaque chose, par un immortel pouvoir,
Proche ou lointaine, secrètement,
Est à toute autre reliée :
L'on ne saurait caresser une fleur
Sans déranger une étoile.

Francis Thompson

Si l'adversité rend sage, elle ne rend pas riche.

La science nous apporte le savoir, mais seule la philosophie nous apporte la sagesse. *Will Durant*

Un professeur lit l'avenir dans les yeux d'un enfant.

Ne vous disputez jamais avec un idiot, les témoins risquent de ne pas vous distinguer de lui !

Aider les autres à se sentir mieux nous aide en général à nous sentir mieux ; les faire se sentir plus mal nous fait en général aller plus mal.

Le secret de la sagesse consiste à savoir comment donner un sens à la morne routine de la vie.

Profitez des petites choses de la vie ; il se pourrait en effet qu'un jour, vous vous retourniez et vous rendiez compte qu'elles étaient les grandes choses.

Celui qui ici-bas secoue le lourd joug de la convoitise, l'affliction se détache peu à peu de lui, comme des gouttes d'eau tombant d'une feuille de lotus.
Dhammapada

La sagesse, c'est une vie qui sait qu'elle vaut la peine d'être vécue.

La jeunesse est un don de la nature ; la vieillesse est une œuvre d'art.

La sagesse passe de la tête au cœur, et du cœur aux mains.

En matière d'avenir, il existe trois sortes de personnes : celles qui le laissent arriver, celles qui le font arriver et celles qui s'émerveillent de ce qui est arrivé. La plupart d'entre nous appartiennent à la troisième catégorie !

Le temps mûrit toute chose ; personne ne naît sage.

Miguel de Cervantès

Le chemin de la sagesse

Accéder à la sagesse peut être un but en soi. Mais le plus souvent, on y parvient au fur et à mesure qu'on avance dans la vie. Prendre conscience des embûches autant que des plaisirs que nous réserve ce chemin, découvrir comment les affronter et les accepter sont une partie de la tâche qui nous incombe en tant qu'êtres humains. Une tâche toute à notre honneur.

Dans l'existence, ce n'est pas la main qui compte ; c'est la manière dont nous jouons nos cartes.

Il n'est pas inutile, parfois, de se demander ce qu'on voudrait avoir dans la vie si l'on pouvait tout avoir. On s'aperçoit alors qu'on a déjà tout ce qu'il nous faut.

N'essayez pas de prédire l'avenir ; inventez-le.

Si vous vous inquiétez
de l'opinion des autres,
n'oubliez pas que, en général,
ils n'en ont pas. Les gens
ne pensent qu'à eux.

L'enthousiasme est l'un de nos dons les plus précieux. Si tous, nous l'avons en naissant, nous avons tendance à le perdre avec l'âge. Il faut donc s'y accrocher dans la mesure du possible, quitte à être un tantinet puéril de temps à autre.

Tout problème susceptible d'être résolu par l'argent n'est pas un vrai problème.

Notre naissance n'est que sommeil et oubli.
L'âme qui grandit avec nous, l'astre
de notre vie,
Prend ses sources ailleurs,
Elle vient de loin.
William Wordsworth

L'expérience est le début de la sagesse.

L'homme bon fait du bien
à son âme, mais l'homme cruel
trouble sa propre chair.
La Bible, Livre des Proverbes 11:17

La gloire et la fortune devraient servir un but
et non en être un.

Parfois, les méchants prospèrent tandis que les bons sont malchanceux. C'est un fait élémentaire de l'existence que le sage comprend, mais que le sot ne peut accepter.

En route, traitez ceux que vous croisez avec bonté et courtoisie, car vous êtes sûr de les retrouver sur le chemin du retour.

Tant qu'il y a de la vie, il y a de l'espoir.

Nul homme ne saurait admettre qu'il est ordinaire et, en un sens, nul ne l'est vraiment. Au contraire, chaque être humain est unique.

Tout se paie.

Je suis venu au monde pour voir ceci :
L'épée tombe des mains des hommes
Même au plus fort de leur colère
Parce que nous avons enfin compris
Que nous ne pouvons blesser
qu'une seule chair.
Hafez

Si nous ne sommes pas toujours en mesure de prévoir l'avenir, nous pouvons vivre le présent et apprendre de lui.

Parfois, l'arbre cache la forêt. Tâchons de ne pas nous concentrer uniquement sur les menues tâches du quotidien ; prenons plutôt de la hauteur pour voir ce qu'elles nous apportent.

Qui tente l'impossible a toutes les chances d'atteindre les limites du possible.

Acceptons l'idée que, dans la vie, en dépit de tous nos efforts, nous ne puissions atteindre nos objectifs. Cela arrive en effet. Mais qui ne tente rien n'a rien !

Il arrive qu'en résolvant un problème nous parvenions à une conclusion. Le plus souvent cependant, nous nous bornons à tirer des conclusions, parce que réfléchir au problème nous ennuie.

On ne peut avoir le beurre et l'argent du beurre. Ça paraît évident. Le nombre de ceux qui s'y essaient est pourtant surprenant.

Ne fais pas à autrui ce que tu ne voudrais pas qu'on te fasse.

Nous explorerons inlassablement,
Et la fin de nos recherches
Nous ramènera à notre point de départ,
Que nous redécouvrirons comme au premier jour.
T.S. Eliot

Le sage est celui qui reconnaît parfois qu'il se trompe.

Quand vous détestez une personne, quand vous avez le sentiment qu'elle vous traite avec condescendance, vous l'autorisez à exercer une forme de pouvoir sur vous-même. Ne la laissez pas vous irriter !

En amour comme à la guerre, tous les coups sont permis.

Sérénité, équilibre, courage, optimisme, bonté, confiance en soi, résistance à la colère, aptitude à rire des incertitudes de la vie – telles sont les qualités du sage.

La règle d'or, c'est qu'il n'y a pas de règle d'or.

George Bernard Shaw

Votre coupe d'altruisme est pleine ? Videz-la de temps en temps avant de la remplir de nouveau.

La sagesse est un mélange d'expérience,
de savoir et d'ouverture d'esprit.
Elle englobe aussi la tolérance, la capacité
à affronter les hauts et les bas de la vie,
et la prise de conscience que, avec le temps,
les difficultés s'apaiseront d'elles-mêmes.

L'intelligence est un élément nécessaire mais insuffisant de la sagesse.

Quand tu marches,
vois-tu ce qu'il
y a au loin ou
es-tu trop occupé
à contempler
tes pieds ?

Qui veut être constant
dans le bonheur et la sagesse
doit souvent changer.
Confucius

Une menace pour la santé nous rappelle ce qui est important dans la vie et nous encourage à réfléchir plus sérieusement à la façon dont nous voulons vivre à l'avenir.

Tu peux n'être qu'un individu parmi d'autres aux yeux du monde mais le monde entier aux yeux d'un individu.

Un vieux hibou vivait dans un chêne.
Plus il en voyait, moins il parlait.
Moins il parlait, plus il en entendait.
Pourquoi ne sommes-nous pas comme ce vieil oiseau sage ?
Comptine enfantine

L'art de vivre bien consiste à prêter attention aux détails sans se laisser submerger par eux.

Les nuages flottent dans ma vie,
non pour apporter pluie et tempête,
mais pour colorer mon crépuscule.
Rabindranath Tagore

Sagesse : connaissance de ce qui est juste ou bien, et aptitude à agir en conséquence.

Dans la vie, chacun de nous doit parfois faire l'idiot.

Consacrez moins de temps à ruminer le passé. Oubliez les vieilles rancunes, les ressentiments, les soucis. Pensez plutôt aux occasions futures qui vous attendent.

Planifiez, de temps en temps, une journée durant laquelle vous ne planifierez rien du tout.

Au milieu de l'hiver, j'apprenais enfin qu'il y avait en moi un été invincible...

Albert Camus

Il faut répondre à l'hostilité par un sourire.

Qui cherche trouve.

**Le sage s'accommode
des contingences de la vie ;
le sot les combat, tel un baigneur
qui nage contre la marée.**

Un individu se résume à ses convictions. Quelles qu'elles soient.

Nos pires expériences constituent parfois nos souvenirs les plus drôles.

Il est très facile d'être sage.
Il suffit de penser à une parole idiote et de la garder pour soi.
Sam Levenson

Dites un mensonge à un ami.
S'il le garde tel un secret,
dites-lui la vérité.

Sagesse : sagacité, discernement, vision.

Lorsque vous cédez à la colère, prenez-en conscience. Respirez profondément, comptez jusqu'à dix et, ensuite seulement, décidez de ce que vous allez dire ou faire.

On devrait voir ses amis sur invitation quand ils vont bien, et s'inviter chez eux quand ils vont mal.
Proverbe suédois

Mieux vaut prendre le changement par la main avant qu'il ne vous prenne par la gorge.

Winston Churchill

Parfois, un coup du sort peut se révéler une occasion en or de changer.

Les meilleurs parents sont ceux qui laissent leurs enfants être ce qu'ils sont au lieu de décider à leur place de ce qu'ils sont.

Il est important de se fixer des buts dans l'existence. Il l'est tout autant d'être ouvert au changement et de voir le côté positif des choses quand les circonstances complotent pour saboter nos buts.

N'efface pas le présent en songeant à l'avenir.

S'observer de l'intérieur, découvrir ses véritables opinions et sentiments est une étape importante sur la voie de la sagesse. Mais il faut veiller à regarder dehors, à observer le monde et ses frères humains.

L'expérience nous apprend
que, lorsqu'on a réchappé
d'un malheur, nous ne tardons
pas à nous inquiéter du suivant.

**Aspirez à la richesse,
pas à l'argent,
car ce sont là deux
choses différentes.**

Si vous pouviez parler au jeune que vous avez été, quel conseil lui donneriez-vous ? Plus vous vous serez trompé, meilleurs seront vos conseils.

Vivez en harmonie avec vous-même, et vous vivrez en harmonie avec les autres.

Le sage écoute avec attention autrui, résiste à l'envie de lui répondre, de l'interrompre ou de donner son opinion tant qu'on ne la lui demande pas.

Les mortels sont prompts à s'attirer la malchance. *Hésiode*

L'homme le plus riche en ce bas monde est celui qui jouit d'une bonne santé toute sa vie.

Nous éprouvons souvent plus d'affection pour ceux qui souffrent que pour ceux à qui tout réussit.

Qui ne change jamais d'avis nourrit, comme l'eau stagnante, des reptiles en son esprit. ***William Blake***

Écoute la voix de la conscience ; en général, elle mérite d'être entendue.

Le sot sait ce qu'il sait ; le sage sait ce qu'il ne sait pas.

Quand vous ne comprenez pas quelqu'un, essayez d'envisager la situation de son point de vue. Vous risquez d'être surpris de constater à quel point il diffère du vôtre.

Voici une règle à garder en mémoire à l'avenir. Quand tout te porte à l'amertume, ne pense pas : « C'est un malheur », mais : « C'est un bonheur d'endurer avec dignité. »
Marc Aurèle

La sagesse sort de la bouche des enfants.

Si vous observez votre passé,
vous avez toutes les chances
d'y trouver bien des leçons utiles
à votre avenir.

La gentillesse est la force la plus grande.

Proverbe amérindien

Quand vous vous réveillez d'un rêve, ne le jetez pas tout de suite aux orties sous prétexte qu'il est un ramassis de sottises. Réfléchissez-y plutôt. Interrogez-vous sur ce qu'il essaie de vous dire. Écoutez vos rêves, ils sont susceptibles de vous transmettre des messages.

On n'est jamais à l'origine d'une idée. Chacun apprend de celui qui l'a précédé.

On ne mesure pas la vraie sagesse à l'aune de ce que pense le monde. Parfois, une sage décision a l'air sotte, sur le moment.

Travaillez le muscle de votre sagesse. L'esprit, à l'instar du corps, a besoin d'exercice.

L'homme n'a pas tissé la toile de la vie, il n'est qu'un fil de tissu. Tout ce qu'il fait à la toile, il le fait à lui-même.

Attribué à Seattle, chef des Duwamish

La plupart d'entre nous aspire à ce que l'argent peut offrir. Mais une fois nos besoins fondamentaux assouvis, ce qui nous rend le plus heureux n'est pas quelque chose que l'argent peut acheter.

Le sage veille à ne pas avoir trop d'avis ; surtout sur les sujets auxquels il ne connaît rien.

J'aime l'homme qui ose sourire au sein du danger, à qui le malheur donne de la force, et qui devient plus brave par réflexion. L'incertitude est le partage des petites âmes ; mais l'homme qui a un cœur ferme, et dont la conscience règle la conduite, soutient ses principes jusqu'à la mort.

Thomas Paine

La sagesse ne vient pas nécessairement avec l'âge. Parfois, tout ce qu'on gagne à vieillir, ce sont des rides.

Un feu de cheminée ne permet pas de lire de belles histoires. Mais il tient chaud et empêche de voir la poussière par terre.

Proverbe irlandais

J'ai marché jusqu'au bout de la terre.
J'ai marché jusqu'aux confins des eaux.
J'ai marché jusqu'à la limite du ciel.
J'ai marché jusqu'au sommet des montagnes.
Nulle part je n'ai trouvé quelqu'un
qui ne soit pas mon ami.

Poème navajo

Jeunes, nous trouvons les journées trop longues. En vieillissant, quand nous commençons à regarder en arrière, elles se mettent à raccourcir.

L'échec est parfois le premier pas vers le succès.

Il en est de l'esprit d'un homme parfait comme d'un miroir. Il n'attrape rien, ne rejette rien. Il reçoit mais ne garde pas. *Zhuangzi*

Comme le calme vient après la tempête, du conflit et des troubles peuvent émerger la paix et la tranquillité.

S'il est facile de donner des conseils,
il est plus difficile de les recevoir.

Un homme tout entier replié sur lui-même fait un très petit paquet.

John Ruskin

Qui attend des biens matériels qu'ils le rendent heureux doit se préparer à être déçu.

Nourrissez-vous. Pas trop. Surtout de plantes. *Michael Pollan*

Ce qui est fait est fait. Si nous pouvons tirer des leçons du passé, inutile de pleurer dessus, puisque nous ne le changerons pas.

La parole est d'argent, le silence est d'or.

Le sage estime ses amis
à leur juste valeur et veille
à les garder toute sa vie.

Le fou ne voit pas le même arbre que le sage.

William Blake

Comment expliquer que, confrontés aux difficultés, certains accèdent à la compréhension et la sagesse, tandis que d'autres ne fassent que désespérer ?

Apprécier à leur juste valeur les bonnes choses de la vie – la famille, les amis, la santé et une activité qui a du sens – est l'une des pierres angulaires de la vraie sagesse.

Ce n'est pas le plus fort de l'espèce qui survit, ni le plus intelligent. C'est celui qui sait le mieux s'adapter au changement.

Charles Darwin

Tenter de maîtriser un art est parfois un travail long et douloureux qui exige non seulement de la patience mais aussi la sagesse de comprendre que la perfection est inaccessible.

Vivre pleinement implique de prendre des risques. Il n'y a pas de joie sans chagrin, pas de gain sans perte, pas de paix sans conflit.

L'argent est comparable à l'essence. Quand on voyage, on ne tient certes pas à tomber en panne, mais on ne s'arrête pas non plus à toutes les stations-service.

Tim O'Reilly

Comprendre ses propres apprentissages est la clef qui permet de transformer l'expérience en sagesse.

Il est agréable d'obtenir l'accord de ceux qui nous entourent. On découvre cependant qu'on en apprend plus sur soi et le monde quand ce n'est pas le cas.

La connaissance reposant sur l'expérience permet d'adapter ses comportements. La sagesse est un mélange de raisonnement, d'exercice du jugement et de capacité à apprécier les conséquences à long terme de ces comportements.

J'aspire à accomplir de nobles et grandes tâches. Mais mon premier devoir est d'en accomplir de menues comme si elles étaient nobles et grandes. ***Helen Keller***

La sagesse, ce n'est pas essayer de devenir quelqu'un mais essayer d'aider quelqu'un.

Qui pense qu'il n'est pas vaniteux l'est en réalité beaucoup. *C.S. Lewis*

Nous apprenons à devenir sages en faisant des erreurs.

La sagesse, c'est l'aptitude
à rester calme en temps
de crise et à affronter
les difficultés de l'existence
avec bon sens et raison.
Plus encore, c'est comprendre
les mystères de la vie
et pénétrer les arcanes
de l'esprit humain.

Si tous les sots portaient couronne, nous serions tous rois.

Proverbe gallois

Quand vient l'orgueil, vient aussi l'ignominie ; mais la sagesse est avec les humbles.
***La Bible, Livre des Proverbes* 11:2**

Parfois, mieux vaut se taire, y compris quand on sait avoir raison. Avec le temps, les autres admettront ce qu'on avait vu avant eux.

Ne laissez ni vos triomphes vous monter à la tête ni vos échecs vous transpercer le cœur.

Le sot attend qu'il se produise une merveille. Le sage s'émerveille chaque jour.

Le corail et le cristal ne sont rien auprès d'elle : la sagesse vaut plus que les perles.

La Bible, Job 28:18

À l'obscurité de la nuit succèdent les lumières de la sagesse.

La sagesse n'existe pas sans réflexion, compassion, tolérance, bonté, pardon, patience, humilité et, surtout, amour.

Quand quelqu'un commence une phrase par : « Sauf votre respect », vous pouvez être certain qu'il va vous faire une remarque irrespectueuse !

Rien de tel qu'une bonne tranche de rire et une bonne nuit de sommeil pour guérir tous les maux.

Proverbe irlandais

N'ayez pas peur d'être triste. Ce faisant, vous libérez votre esprit de ses pensées chagrines et pouvez de nouveau vous réjouir.

Personne ne vous apprendra comment devenir sage. Il s'agit d'un secret qu'il vous faut découvrir seul.

Après avoir surmonté une expérience difficile, on gagne en confiance. Car l'on sait désormais qu'on se sortira des prochains ennuis.

Le rire est à l'âme ce que le savon est au corps.

Proverbe yiddish

La solitude diffère de l'esseulement. Elle offre l'occasion de réfléchir, de travailler et de se reposer sans être distrait. Elle est une part fondamentale de la vie spirituelle et créative. Il est un devoir d'y prêter attention de temps à autre.

Paroles de sagesse

Nombreux sont les chefs religieux, les philosophes, les penseurs anonymes, les artistes et les poètes qui ont cherché à transmettre les fruits de leur expérience. Certains ont accédé à la sagesse par la réussite, d'autres par l'échec, ce qui, semble-t-il, nous en apprend tout autant sur nous-mêmes que sur le monde qui nous entoure.

Qu'est-ce qu'être sage ? C'est connaître les limites ô restreintes de notre savoir, voir les fautes des autres et sentir les nôtres.
Alexander Pope

C'est déjà une grande et nécessaire preuve de sagesse et de lumières de savoir ce que l'on doit raisonnablement demander.

Emmanuel Kant

La première clef de la sagesse, c'est une interrogation continuelle [...] ; qui doute conduit à chercher, qui cherche peut saisir la vérité.

Pierre Abélard

Les portes de la sagesse ne sont jamais fermées.

Benjamin Franklin

Avant d'être vieux et sage, il faut être jeune et idiot.

Croyez ceux qui cherchent la vérité, doutez de ceux qui la trouvent.
André Gide

Inutile de parler aux sages ; ce sont les idiots qui ont besoin de conseils.

Bill Cosby

Qu'un homme commence dans la certitude, et il finira dans le doute. En revanche, s'il se satisfait de commencer dans le doute, il finira dans la certitude.

Francis Bacon

Chaque matin voit la tâche à accomplir,
Chaque soir la voit finie ;
Une entreprise entamée, une entreprise terminée,
Lui gagnent une nuit de repos bien mérité.

Henry Wadsworth Longfellow

L'art de la sagesse consiste à savoir quoi négliger.

William James

La meilleure façon d'éviter une mauvaise action est d'en pratiquer une bonne.

John Clare

Trébucher évite parfois de tomber.

Thomas Fuller

C'est à ses réponses qu'on voit
si un homme est intelligent ;
et à ses questions s'il est sage.
Nadjib Mahfuz

La sagesse commence
à la fin.

John Webster

**Penser est facile.
Agir est difficile.
Agir selon sa pensée
est ce qu'il y a de plus
difficile au monde.**

Johann Wolfgang von Goethe

Le monde avec lenteur marche vers la sagesse.

Voltaire

L'homme raisonnable s'adapte lui-même au monde ; l'homme déraisonnable continue à essayer d'adapter le monde à lui-même. Donc, tout progrès dépend de l'homme déraisonnable.

George Bernard Shaw

Quand éclate une dispute, le sage l'éteint par le silence.

Mais ceux que mènent la vérité et la sagesse
Récolteront du miel d'une brindille.

William Cowper

Il est sage de verser sur le rouage de l'amitié l'huile de la politesse délicate.

Colette

La vie, c'est ce qui t'arrive quand
tu es occupé à autre chose.
John Lennon

Le bonheur humain doit moins aux grands moments de fortune, qui se produisent rarement, qu'aux petits avantages que procure le quotidien.

Benjamin Franklin

Ce que je pense de la civilisation occidentale ? Je pense que ce serait une bonne idée.

Le Mahatma Gandhi

Toute parole sage est contrebalancée par son contraire, non moins sage.

George Santayana

Un cœur aimant [vaut] mieux que toute la sagesse du monde.
Charles Dickens

À côté de l'art noble qui suppose de terminer les choses, il existe l'art noble qui consiste à les laisser inachevées. La sagesse de la vie consiste à éliminer ce qui n'est pas essentiel.
Lin Yutang

Se tromper n'est qu'une autre façon de faire les choses.

Katharine Graham

Un homme bienveillant ne s'inquiète pas,
un érudit n'est pas embarrassé
et un homme courageux n'a pas peur.
Confucius

La marque constante de la sagesse est de voir le miraculeux dans le commun.
Ralph Waldo Emerson

La sagesse est maintes fois plus
proche quand on se courbe
Que quand on s'envole...
William Wordsworth

La patience est la compagne de la sagesse.

Saint Augustin

Le sens commun poussé à un degré hors du commun est ce qu'on appelle sagesse.
Samuel Coleridge

La connaissance dort et ronfle dans les bibliothèques, mais la sagesse marche partout, bien réveillée, sur la pointe des pieds.
Josh Billings

Le sot s'imagine qu'il est sage, mais le sage sait qu'il est sot.
William Shakespeare

Le Seigneur préfère les gens du commun.
C'est pourquoi il en a créé autant.
Abraham Lincoln

La science enquête ; la religion interprète. La science donne à l'homme la connaissance qui est le pouvoir ; la religion donne à l'homme la sagesse qui est le contrôle. La science s'occupe principalement des faits ; la religion s'occupe principalement des valeurs. Les deux ne sont pas rivales.

Martin Luther King

Un homme commence
à faire ses dents de sagesse
dès qu'il mord dans plus
gros qu'il ne peut avaler.
Herb Caen

Nous apprenons plus des ans que des livres.

Berthold Auerbach

La sagesse est le seul remède à la souffrance, au crime et à toutes les infortunes de l'humanité. *Thomas Huxley*

Le siège de la connaissance est dans la tête ; celui de la sagesse, dans le cœur. Nous ne manquerons pas de porter de faux jugements si nous n'éprouvons pas ce qui est juste.

William Hazlitt

La première sagesse n'est pas de connaître amplement les matières obscures, subtiles et d'un usage éloigné, mais ce qui est devant nous dans la vie journalière.
John Milton

Personne ne peut vous donner le sentiment que vous êtes inférieur sans que vous y consentiez. *Eleanor Roosevelt*

Il ne faut pas perdre foi en l'humanité. L'humanité est un océan : ce n'est pas parce que quelques gouttes sont sales que l'océan tout entier se salit.
Le Mahatma Gandhi

Vous irez loin si vous parlez calmement et tenez un gros bâton.
Theodore Roosevelt

Choisissez des batailles suffisamment grosses pour qu'elles comptent, assez petites pour que vous les gagniez. *Jonathan Kozol*

Toute idée assez durable pour qu'on la qualifie de banale contient un élément de vérité.
Irving Berlin

La grande leçon de la vie, c'est de savoir que parfois, ce sont les fous qui ont raison.
Winston Churchill

Il n'y a rien à craindre de la vie, tout à comprendre. L'heure est venue de comprendre plus pour craindre moins.

Marie Curie

N'est-il pas honteux que les fanatiques aient du zèle et que les sages n'en aient pas ? ***Voltaire***

Céder à la colère, c'est prendre sur soi les fautes d'autrui. ***Alexander Pope***

Le savoir s'enorgueillit
que l'homme ait
tant appris,
La sagesse se réjouit
humblement qu'il
en sache si peu.

William Cowper

Chacun se dit ami ; mais
fol qui s'y repose :
Rien n'est plus commun
que ce nom,
Rien n'est plus rare
que la chose.

La Fontaine

Ce qui ne
me détruit pas
me rend plus fort.

Friedrich Nietzsche

Apprenez la sagesse en observant un semis. Un semis que n'endurcissent pas des situations stressantes ne deviendra jamais une plante forte et féconde.

Stephen Sigmund

Il est courant qu'un problème insoluble le soir se résolve au matin après que le comité du sommeil a travaillé dessus.

John Steinbeck

Les opinions ont plus causé de maux sur ce petit globe que la peste et les tremblements de terre.

Voltaire

Un beau livre, c'est celui qui sème à foison les points d'interrogation.

Jean Cocteau

L'honnêteté est le premier chapitre du livre de la sagesse.

Thomas Jefferson

Si l'homme peut incarner la sagesse, il ne peut pas la connaître. *W.B. Yeats*

Ce que vous faites de bien et de mal, vous le faites à vous-même.

Mahomet

**Tiens-moi éloigné
de la sagesse qui ne pleure pas,
de la philosophie qui ne rit pas
et de la grandeur qui ne s'incline
pas devant les enfants.**

Khalil Gibran

J'ai toujours pensé que les actions des hommes étaient les meilleures interprètes de leurs pensées.

John Locke

L'encre de l'érudit est plus sacrée
que le sang du martyr.
Mahomet

... Car l'être humain Ne tolère pas beaucoup la réalité.

T.S. Eliot

Qu'est-ce que la tolérance ? C'est l'apanage de l'humanité. Nous sommes tous pétris de faiblesses et d'erreurs ; pardonnons-nous réciproquement nos sottises, c'est la première loi de la nature.

Voltaire

Le premier pas de qui aspire à la sagesse est de tout remettre en question, et le dernier, d'être d'accord sur tout.

Georg Christoph Lichtenberg

Une question prudente est une demi-sagesse.

Francis Bacon

Couché tôt et levé tôt, un homme n'en est qu'en meilleure santé, plus riche et plus sage.

Benjamin Franklin

La colère comme le vent souffle la flamme de l'esprit.

Robert G. Ingersoll

Les hommes sont les membres d'un même corps.
Ils furent créés à partir de la même essence [...]
Toi que le malheur des autres laisse indifférent.
Tu ne mérites pas d'être appelé Homme.
Saadi

Seuls ceux qui prennent le risque d'échouer spectaculairement réussiront brillamment.

Robert F. Kennedy

Notre vision ne s'éclaircit que quand nous regardons dans notre cœur...
Qui regarde à l'extérieur rêve.
Qui regarde à l'intérieur s'éveille.

Carl Jung

Plus on juge,
moins on aime. *Honoré de Balzac*

Il n'y a pas de passagers, sur le vaisseau Terre. Nous faisons tous partie de l'équipage.
Marshall McLuhan

Le maître qui [...] est vraiment sage, il ne vous invite pas à entrer dans la demeure de sa sagesse, mais vous conduit jusqu'au seuil de votre esprit.
Khalil Gibran

Je préfère encore regretter ce que j'ai fait que ce que je n'ai pas fait.
Lucille Ball

Du sublime au ridicule, il n'y a qu'un pas.

Napoléon Bonaparte

Une seule conversation avec un homme sage vaut mieux que dix années d'études. *Proverbe chinois*

Sois respectueux envers tous, ne rampe devant aucun. Quand tu te lèves le matin, remercie pour la nourriture et la joie de vivre. Si tu ne vois pas de raison de remercier, la faute t'en incombe à toi seul. N'abuse de rien ni de personne, car la maltraitance transforme les sages en fous et prive l'esprit de sa vision.

Tecumseh

Parmi toutes les choses du monde,
il n'en est point de plus molle
et de plus faible que l'eau,
et cependant, pour briser
ce qui est dur et fort, rien
ne peut l'emporter sur elle.
Pour cela rien ne peut
remplacer l'eau.
Ce qui est faible triomphe
de ce qui est fort ; ce qui est
mou triomphe de ce qui est dur.
Lao-tseu

Le sage crée plus de possibilités qu'il n'en rencontre.

Francis Bacon

Qui vit sans folie n'est pas si sage qu'il croit.
François de la Rochefoucauld

La route de l'excès conduit au palais de la sagesse, car nous ne pouvons savoir ce qu'est l'essentiel sans d'abord avoir découvert le superflu.
William Blake

La sagesse n'est pas le fruit de l'instruction mais celui d'une vie passée à tenter de l'acquérir. *Albert Einstein*

Bien sot celui qui ne sait cacher sa sagesse.

Benjamin Franklin

Jusqu'au jour où Dieu daignera dévoiler l'avenir à l'homme, toute la sagesse humaine sera dans ces deux mots : « Attendre et espérer ! »

Alexandre Dumas

Le savoir parle, la sagesse écoute.

Jimi Hendrix

Profitez au mieux de vous-même, car c'est tout ce que vous avez. ***Ralph Waldo Emerson***

Tout en devenant lentement sage, je suis brutalement devenu prudent. *Mark Twain*

La science accumule les connaissances plus vite que la société la sagesse.

Isaac Asimov

Rester en colère, c'est comme saisir un charbon ardent avec l'intention de le jeter sur quelqu'un ; c'est vous qui vous brûlez.

Bouddha

La sagesse se souvient, le bonheur oublie.

Mason Cooley

La sagesse précède l'esprit.

Evan Esar

La sagesse est un héritage que même un panier percé ne saurait épuiser. *Karl Kraus*

Un homme peut naître riche, mais la sagesse ne s'acquiert qu'au fil du temps.
Proverbe africain

Il faut être sage pour comprendre la sagesse. La musique n'existe pas aux oreilles des sourds.

Walter Lippmann

Le doute est le vestibule que doit traverser tout un chacun avant d'entrer dans le temple de la sagesse.

Charles Caleb Colton

Il n'est pas difficile à un homme de faire quelques bonnes actions ; ce qui est difficile, c'est d'agir bien toute sa vie, sans jamais rien faire de mal. *Mao Zedong*

L'homme sage est permanent comme le soleil ;
le fou change comme la lune.
Jacques Bénigne Bossuet

L'oiseau de la sagesse vole bas et cherche sa nourriture sous les haies ; l'aigle lui-même mourrait de faim s'il planait toujours très haut dans le ciel et à contre-jour.

Walter Savage Landor

Pour faire la paix avec ton ennemi, il faut travailler avec ton ennemi, puis ton ennemi devient ton associé.

Nelson Mandela

Le premier soupir de l'amour Est le dernier de la sagesse.

Antoine Bret

Chaque homme sent instinctivement que tous les beaux sentiments de la terre pèsent moins qu'une seule belle action.

James Russell Lowell

C'est une vieille maxime de nos écoles,
La flatterie nourrit les sots.
Mais de temps en temps les hommes d'esprits
Ne dédaignent pas d'en croquer un morceau.
Jonathan Swift

Il faut avoir un esprit très particulier pour entreprendre l'analyse de ce qui est évident.

Alfred North Whitehead

Un mot est plus pour un sage qu'un sermon pour un fou.

Sir Walter Scott

La mission principale de l'homme est d'accoucher de lui-même.

Erich Fromm

Une montagne est composée de minuscules grains de terre. L'océan est fait de minuscules gouttes d'eau. La vie n'est qu'une suite infinie de menus détails, actes, paroles et pensées. Leurs conséquences, positives ou négatives, y compris celles du plus insignifiant, sont incommensurables.
Swami Shivananda

Il existe un chemin qui mène des yeux au cœur et qui ne passe pas par l'intellect.
G.K. Chesterton

Les nuages peuvent faire pleuvoir sur nous des titres et des biens, la richesse est susceptible de nous trouver, mais la sagesse est une quête.

Edward Young

La santé est le plus haut des gains,
Le contentement est la plus grande richesse,
Les proches véritables sont les meilleurs.

Dhammapada

On ne reçoit pas la sagesse, il faut la découvrir soi-même après un trajet que personne ne peut faire pour nous, ne peut nous épargner.
Marcel Proust

On reconnaît un génie à ceci : tous les ânes se liguent contre lui.
Jonathan Swift

Ne vivre que pour un objectif futur est superficiel. Ce sont les flancs de la montagne qui nourrissent la vie, pas son sommet.
Robert M. Pirsig

Là où sont la charité et la sagesse,
il n'y a ni crainte ni ignorance.
Là où sont la patience et l'humilité,
il n'y a ni colère ni trouble.
Là où est la pauvreté avec la joie,
il n'y a ni cupidité ni avarice.
Là où sont la paix et la méditation,
il n'y a ni inquiétude ni dissipation.

Saint François d'Assise

Rien de ce qui est difficile n'est aisé.

Le sage s'interroge sur les raisons de ses erreurs, le sot interroge les autres.

Voici ce qu'on devrait faire : aimer la terre, le soleil et les animaux, mépriser les richesses, donner l'aumône à qui la demande, s'opposer à l'idiot et au fou, consacrer ses revenus et son travail aux autres, détester les tyrans, ne pas se chamailler à propos de Dieu…

Walt Whitman

**Quand le soleil se lève,
je pars travailler.
Quand le soleil se couche,
je me repose. Je creuse
le puits dont je bois l'eau.
Je laboure la terre qui
me fournit ma nourriture.
Je partage la création. Les rois
n'ont pas plus que moi.**

Proverbe chinois

On ne fait pas de politique avec de la morale, mais on n'en fait pas davantage sans.

André Malraux

C'est peut-être une erreur de mélanger différents vins, mais la vieille et la jeune sagesse se mélangent admirablement bien.

Bertolt Brecht

Il n’y a pas de sagesse en dehors de la vérité. La vérité est éternelle, mais nos idées à son propos sont changeantes. Je n’ai réussi à récolter qu’un tout petit peu des premiers fruits de la sagesse, rien que quelques fragments des hauteurs, largeurs et profondeurs illimitées de la vérité.

Martin Luther

La divine essence même est l'amour et la sagesse. *Emanuel Swedenborg*

La solitude est la meilleure nourrice de la sagesse. ***Laurence Sterne***

Quand bien même nous pourrions être savants du savoir d'autrui, au moins sages ne pouvons-nous être que de notre sagesse.

Michel de Montaigne

Le pouvoir est vôtre,
mais vous êtes aveugle ;
Vous ne voyez pas
au-delà du sol
que vous foulez ;
Vous avez les ans
pour vous guider
Mais pas la sagesse
de vous laisser guider.

Edwin A. Robinson

L'action est tout,
la gloire rien.

Johann Wolfgang von Goethe

Ce qu'il y a de pis
pour la sagesse
est d'être savant
à demi.

Jean-Jacques Rousseau

De la sagesse

Nombreux sont ceux qui affirment être sages. Ironiquement, ceux qui le sont le plus se taisent, préférant rester humbles et bienveillants, privilégiant une attitude qui leur permet d'éprouver vraiment les limites de la connaissance et de l'expérience humaines. Observons à présent les mystères du voyage vers la sagesse et découvrons ainsi que, plus nous en apprenons, plus nous sommes conscients d'en savoir trop peu.

La sagesse consiste à tenter de garder à l'esprit les véritables enjeux de notre existence. Sinon, il est par trop aisé de perdre de vue ce qui compte vraiment.

Tout comprendre, c'est tout pardonner.

Laissez libre cours à votre imagination, mais ayez la sagesse de faire des choix réalistes.

Le cœur a ses raisons que la raison ne connaît point.
Blaise Pascal

La confusion fait partie de nos vies. Nous n'y échappons pas. Notre seule solution est d'affronter les situations difficiles avec sagesse et perspicacité, que nous puissions ou non les changer.

Aujourd'hui est le demain qui nous inquiétait hier.

S'inquiéter, c'est comme se balancer dans un fauteuil à bascule : ça occupe mais ne mène à rien.

Le secret de la santé du corps comme de l'esprit est de ne pas regretter le passé, de ne pas s'inquiéter du futur ni de l'anticiper, mais de vivre le moment présent avec sagesse et honnêteté.
Bouddha

Quand on est capable
de se mettre dans un état
de stress et d'anxiété, on est
capable de s'en sortir aussi.

Ce qui nous inquiète nous contrôle.

John Locke

Une voix tranquille, sage et bienveillante est parfois plus apaisante et rassurante que les mots prononcés.

La justice, la sagesse et la tolérance sont les pierres sur lesquelles on fonde une société égalitaire.

Sans obscurité, il n'est pas de lumière. Sans chagrin, il n'est pas de tristesse.

Cessez de vous jugez. Bannissez les mots : « J'aurais dû ». À la place, tâchez d'être aussi gentil avec vous-même que vous le seriez avec un ami.

Un génie, c'est quelqu'un qui vise une cage que personne ne voit et qui réussit à marquer un but.

La sagesse donne à celui
qui en est pourvu
une autorité naturelle
sans qu'il ait besoin
de recourir aux menaces
ni aux promesses.

L'échec est la première page du livre de la sagesse. Le succès, la dernière.

La peur et la superstition sont des animaux nocturnes. Au matin, quand resplendit le soleil, elles regagnent leur tanière.

L'inquiétude jette une grande ombre sur les petites choses.

Proverbe suédois

J'ai connu bien des drames dans ma vie. La plupart n'ont jamais eu lieu.

Mark Twain

L'ignorance des jeunes est une sorte d'armure qui les protège du doute et de la crainte.

Savoir médiocre est chose dangereuse.

Ce que croit ma raison, quoiqu'il puisse arriver,
Et ce que sent mon cœur en sa douleur amère,
C'est que mieux vaut l'amour suivi
d'un deuil austère
Que la paix de celui qui ne sut pas aimer.
Lord Alfred Tennyson

Il faut parfois savoir jeter sa sagesse aux orties et suivre son cœur plutôt que sa tête.

Beaucoup d'agitation trahit parfois un manque d'efficacité.

Heureux celui qui a rompu les chaînes qui blessent l'esprit et qui a renoncé définitivement à l'inquiétude.

Ovide

Faire des plans, dresser des listes, c'est très bien. Mais veillez à ce que ça ne remplace pas l'agir !

Le courage est une belle folie.

La vie est une chance, saisis-la.
La vie est beauté, admire-la.
La vie est béatitude, savoure-la.
La vie est un rêve, fais-en une réalité.
La vie est un défi, fais-lui face.
La vie est un devoir, accomplis-le.
La vie est un jeu, joue-le.
La vie est précieuse, prends-en soin.
La vie est une richesse, conserve-la.
La vie est amour, jouis-en.
La vie est mystère, perce-le.
La vie est promesse, remplis-la.
La vie est tristesse, surmonte-la.
La vie est un hymne, chante-le.
La vie est un combat, accepte-le.
La vie est une tragédie, prends-la à bras le corps.
La vie est une aventure, ose-la.
La vie est bonheur, mérite-le.
La vie est la vie, défends-la. *Mère Teresa*

Le sage sait qu'il est, la plupart du temps, impossible de comprendre ou de prédire les comportements humains.

La vraie sagesse réside dans la sincérité : l'aptitude à montrer ses sentiments et à parler vrai sans crainte d'être considéré comme sot.

Dis la vérité à tous en toute humilité.
Alors seulement tu seras un véritable humain.
Proverbe amérindien

L'une des premières leçons que la vie nous apprend, c'est que faire du mal à autrui nous fait du mal aussi. Qui n'en prend pas conscience ne saurait accéder à la sagesse. De ce point de vue-là, tous les hommes se ressemblent.

Avant tout, sois loyal envers toi-même ; et aussi infailliblement que la nuit suit le jour, il s'ensuivra que tu ne pourras être déloyal à personne.
William Shakespeare

S'il est naturel de développer des préjugés à l'encontre de ce qui est différent de nous, il est noble de les dépasser.

L'indécision est en elle-même une forme de décision – celle de procrastiner.

Ne suffit-il pas de voir qu'un jardin est beau sans imaginer également que des fées y vivent ?

Douglas Adams

L'art est une lutte
entre sagesse et folie.

Si tu redoutes l'avenir, tâche d'imaginer ce que *tu peux* faire plutôt que de te concentrer sur ce que tu *ne peux pas* faire.

Vivre selon ses principes est susceptible de conduire à des épreuves. Cela ne signifie pas que ces principes sont mauvais, seulement qu'il est parfois difficile de s'en tenir à ses valeurs.

Il n'y a pas d'oreiller plus doux qu'une bonne conscience.

L'extrême limite de la sagesse,
voilà ce que le public baptise folie.
Jean Cocteau

Notre vie est peut-être le seul livre que lisent les autres.

La vie n'est sans doute pas la fête qu'on espérait, mais il n'est pas interdit de danser.

Essaie de connaître la sagesse comme la folie, mais sache qu'espérer y parvenir est comme vouloir attraper le vent.

Le miracle, ce n'est pas de voler dans les airs ou de marcher sur l'eau ; c'est d'arpenter la terre, tout simplement.

Proverbe chinois

Abuser des bonnes choses peut être merveilleux. ***Mae West***

On a tendance à condamner chez les autres ce qu'on trouve chez soi.

En réalité, deux sortes de morale coexistent en nous : l'une que nous prêchons mais ne pratiquons pas, l'autre que nous pratiquons mais prêchons rarement.

Bertrand Russell

Rappelle-toi que tu n'es pas obligé de participer à toutes les disputes auxquelles on te convie.

Un homme peut te sourire et te saluer,
Tout en t'envoyant secrètement au diable.
Mais quand un chien agite la queue,
Sois certain qu'il est sincère !

La conscience, c'est quand on se sent super mal de se sentir aussi bien.

La meilleure façon de réussir dans la vie, c'est d'appliquer les conseils qu'on donne aux autres.

Impossible de prédire jusqu'où ira celui qui se lance à la poursuite de ses rêves.

La vie est simple, mais elle n'est pas facile.

Avoir trop de bon sens peut être folie. Plus fou encore serait de voir la vie telle qu'elle est et non telle qu'elle devrait être !

Miguel de Cervantès

On vit pour apprendre. Ou pas.

Quand le monde te conseille de renoncer,
l'espoir te souffle de recommencer.
Rien qu'une fois.

Il est bon qu'ainsi ce soit.
L'homme est fait pour peine et joie.
Et quand nous l'avons compris,
Saufs, nous traversons la vie.
Fin tissées sont peine et joie,
De l'âme l'habit divin,
Court la joie tissée de soie
Sous nos peines et chagrins.

William Blake

Personne ne trébuche sur des montagnes. Ce sont les pierres et les cailloux qui nous font tituber. Mais si on continue d'avancer malgré tout, on se rend compte qu'on finit par vaincre la montagne.

C'est peut-être ça, la vie... un clin d'œil et des étoiles qui clignotent.

Jack Kerouac

Ne vous laissez pas décourager par l'échec. C'est souvent la dernière clef du trousseau qui ouvre la porte.

Quand tes rêves sont réduits en poussière, sors l'aspirateur.

Si on peut donner sans aimer, on n'aime jamais sans donner.

Sagesse des anciens

Dans la pensée antique, que ce soit chez les historiens, les philosophes, les écrivains ou les poètes, la sagesse occupait une place centrale en termes d'évolution de la civilisation. La connaissance de soi, notamment, résumée dans l'adage « Connais-toi toi-même », était considérée comme le premier pas sur le chemin de l'authentique sagesse, ainsi que vous allez le découvrir dans les pages suivantes.

Ces deux dernières qualités [courage et sagesse] n'appartiennent qu'aux naturels qui sont à la fois irascibles et philosophes. ***Platon***

Mais celui qui ne s'occupe pas de vivre est plus sage que celui qui estime la vie.

Lao-tseu

Il faut donc préférer la sagesse qui donne les bons conseils à la valeur qui fait les belles actions. ***Cicéron***

L'insensé même, quand il se tait, passe pour sage ; celui qui ferme ses lèvres est un homme intelligent.

La Bible, Livre des Proverbes 17:28

Étudier sans réfléchir est une occupation vaine ; réfléchir sans étudier est dangereux.

Confucius

La meilleure part du bonheur est la sagesse.

Sophocle

Une personne dont les désirs sont devenus désintéressés, ayant été consommés dans le feu de la connaissance de Soi, est appelée un sage par les hommes avisés.

Le Bhagavad-Gita

Quiconque se soumet de bonne grâce
à la nécessité est sage à notre avis
et sait les choses divines.
Épictète

Science n'est pas sagesse.
Euripide

Le sage corrige
ses vices en voyant
ceux d'autrui.
Publilius Syrus

La sagesse n'est pour personne un don du hasard. *Sénèque le Jeune*

La sagesse, que j'ai appelée la première des vertus, est la science des choses divines et humaines.

Cicéron

Regarde ce jour,
Car il est la vie, la vie même de la vie.
Dans sa brève durée,
Il contient toutes les vérités et les réalités de ton existence :
La bénédiction de la croissance,
La gloire de l'action,
La splendeur de la beauté.
Car hier n'est plus qu'un rêve
Et demain n'est encore qu'une vision.
Mais l'aujourd'hui bien vécu fait de chaque hier un rêve
de bonheur,
Et de chaque demain une vision d'espoir.
Regarde donc attentivement cette journée.
Telle est la salutation de l'aube.

Kâlidâsa

La vraie sagesse est de savoir qu'on ne sait rien. **Socrate**

La mesure est la meilleure des choses.
Cléobule

La première étape de la sagesse est le silence ; la seconde, l'écoute ; la troisième, la mémoire ; la quatrième, la pratique, et la cinquième, l'enseignement aux autres.
Salomon Ibn Gabirol

La sagesse commence dans l'émerveillement.
Socrate

Car, si c'est la raison et la sagesse
qui dissipent les soucis, et non les lieux
qui dominent la vaste mer, en traversant celle-
ci, on change de ciel, non d'esprit. *Horace*

Quand vous voyez un homme sage, pensez à l'égaler en vertu. Quand vous voyez un homme dépourvu de sagesse, examinez-vous vous-même.

Confucius

Je n'ai que faire d'un ami changeant à mes moindres variations et se conformant à tous mes gestes : mon ombre y réussit mieux que lui.

Plutarque

Quand même je n'aurais d'un sage que l'apparence, ce serait déjà être philosophe.
Diogène de Sinope

La voie de l'insensé est droite à ses yeux.

La Bible, Livre des Proverbes 12:15

Celui dont la sagesse excède les actes, à quoi est-il comparé ? À un arbre dont les branches sont nombreuses et les racines rares, et que le vent vient déraciner et renverser. *Le Talmud*

À quel point la sagesse l'emporte sur tous les biens. *Sophocle*

Résister à la tentation
de se mettre en colère
est le propre du sage.

Plutarque

Il appartient à tout homme de se tromper.

Cicéron

Celui qui fréquente les sages devient sage.

La Bible, Livre des Proverbes 13:20

Reste humble et discret,
car meilleure est la discrétion
pour l'homme qui cherche
la perfection.

Pour accéder
à la sagesse,
il faut le vouloir. *Le Talmud*

Combien le sage est enclin au doute et à la prudence ! *Homère*

L'erreur gravit vers la sagesse ; la sagesse ne retombe point dans l'erreur. ***Sénèque le Jeune***

Grande est la sagesse qui donne ses préceptes en livres sacrés, elle triomphe du sort.
Juvénal

La philosophie, si l'on veut
la définir, n'est autre chose
que l'étude de la sagesse :
or, la sagesse, selon
la définition des anciens,
est la science des choses
divines et humaines,
de leurs causes
et de leurs effets.

Platon

Connais-toi toi-même.

Inscription gravée sur le temple d'Apollon à Delphes

Avant de faire une chose, on doit réfléchir, mais pas trop. Après avoir réfléchi deux fois, on peut prendre une détermination. Un troisième examen fait naître des intentions peu louables, et obscurcit les idées, au lieu de les éclaircir.

Confucius

Il est sage de profiter de l'exemple d'autrui pour apprendre ce qui peut t'être utile.

Térence

C'est une démence d'appeler la tempête quand on est dans le calme, comme il est de la sagesse de faire tête à l'orage quand il arrive.

Cicéron

Celui qui marche en compagnie d'un sot souffre tout le long de la route. La société d'un sot est aussi désagréable que celle d'un ennemi ; la société d'un sage, aussi agréable que celle d'un parent. **Bouddha**

C'est par la souffrance qu'on devient sage. *Eschyle*

Le silence approprié est sagesse et meilleur que n'importe quel discours.
Plutarque

Grands doutes, grande sagesse. Petits doutes, petite sagesse.
Proverbe chinois

La sagesse n'a pas sa place où règne la peur. ***Lactance***

C'est le destin et non la sagesse qui commande à la vie des hommes.

Cicéron

Tu ne dois pas être effrayé par la divine lumière bleue qui apparaîtra brillante, éblouissante, splendide, tu ne dois pas être surpris par elle. Elle est la lumière de Bouddha. ***Le Livre des Morts tibétain***

Le talent même, séparé de la justice et de la vertu, n'est qu'une habileté méprisable, et non la sagesse. ***Platon***

Tout coule et on ne se baigne pas deux fois dans le même fleuve.

Héraclite

Aux royaumes des aveugles,
les borgnes sont rois.

Érasme

**Que tes pensées ne soient
ni orgueilleuses ni humbles.
Si tu es agité, calme-toi,
l'homme affable franchit
tous les obstacles, celui qui
s'agite tout le jour n'a pas
un seul bon moment.**

Ptahhotep

Trop souvent, la jeunesse a la tête si folle !
Homère

L'homme est la mesure de toutes choses : de celles qui sont, du fait qu'elles sont ; de celles qui ne sont pas, du fait qu'elles ne sont pas.
Protagoras

Si tu veux faire des progrès, résigne-toi à passer pour un idiot et pour un imbécile.
Épictète

Le sapin reste vert en hiver comme la sagesse face aux épreuves. *Proverbe chinois*

Commettre des erreurs est le propre de l'humain, mais il est diabolique de persister dans l'erreur par orgueil.
Augustin d'Hippone

Une vie sans examen ne vaut pas la peine d'être vécue. *Socrate*

Les paroles des sages sont comme des aiguillons ; et, rassemblées en un recueil, elles sont comme des clous plantés, données par un seul maître.

La Bible, Ecclésiaste 12:11

L'expérience est mère de la sagesse.

Proverbe chinois

Je regrette souvent d'avoir parlé, jamais de m'être tu. ***Publilius Syrus***

Je m'imposai la loi de vivre, ce qui souvent aussi est un acte de courage.
Sénèque le Jeune

Ne méprise pas la mort, mais fais-lui bon accueil, comme une des choses voulues par la nature.
Marc Aurèle

Donnez-moi un point d'appui, et un levier, je soulèverai le monde.
Archimède

Ne désespérez jamais.
Horace

Celui qui aime son prochain trouve toujours des parents autour de lui. Les dieux permettent d'acquérir la richesse pour faire le bien.

Aménémopé

Quand un homme découvre ses imperfections, il atteint à la perfection.

Saint Augustin

Comment accéder à la sagesse ?

Il n'est pas aisé de devenir sage. Pour la plupart d'entre nous, c'est l'œuvre d'une vie, jamais parachevée au demeurant. Aussi apaisés, raisonnables et équilibrés croyons-nous être avec l'âge, il nous arrive toujours de perdre notre sang-froid à certains moments. Cette rubrique vous propose des réflexions destinées à vous aider à traverser ces crises et à continuer d'avancer avec détermination et courage.

Les mots les plus sages sont souvent les plus simples et les plus directs.

Les couleurs se fanent, les temples tombent en ruine, les empires s'écroulent mais les paroles de sagesse perdurent. ***Edward Thorndike***

Quand tu es en colère,
efforce-toi de dire ce que tu as
sur le cœur sans élever la voix
ni employer des mots violents.
Tu seras surpris de constater
que les autres réagissent mieux.

Où que tu ailles,
vas-y avec ton cœur.

Confucius

Au lieu de t'en vouloir, tâche d'être pour toi-même un ami plein de sagesse.

La colère se justifie parfois. Il faut cependant y céder avec parcimonie, car elle s'use à mesure qu'on s'en sert.

On travaille avec tous au bonheur de tous. *Sigmund Freud*

L'imprudent dépense l'argent au fur et à mesure qu'il le gagne. Le sage l'épargne pour les coups durs. Le sot refuse de piocher dans ses réserves, même en cas de malheur.

**Si tu tombes sept fois,
relève-toi huit fois.**

Proverbe chinois

L'un des plus grands
enseignements
de la sagesse est
de savoir quand parler
et quand se taire.

Si aucune bonne parole ne te vient à l'esprit, garde le silence.

À l'impossible nul n'est tenu.

Ne sois ni emprunteur, ni prêteur, car le prêt fait perdre souvent argent et ami.
William Shakespeare

Ne lutte pas contre l'âge, c'est une bataille perdue d'avance.

En cas de conflit, la sagesse consiste souvent, après avoir identifié les parties et leurs besoins, à leur permettre de les exprimer.

Au lieu d'envier les biens et le bonheur d'autrui, fais le décompte des tiens. Tu verras que tu en es plus riche que ce que tu crois.

Soyez vous-même et dites ce que vous pensez, car ceux pour qui cela a de l'importance ne comptent pas, et ceux qui comptent n'y prêtent aucune importance.

Bernard Baruch

La sagesse consiste à donner et recevoir de l'empathie aussi bien qu'à être ouvert et franc.

Qui ne risque rien n'a rien.

Le chant de l'oiseau n'est ni sage ni sot. L'oiseau chante, c'est tout.

Suivez votre clair de lune intérieur ; ne cachez pas votre folie.

Allen Ginsberg

La nécessité est mère de l'invention.

Apprenez à aimer les autres malgré leurs défauts, et ils apprendront à vous aimer à leur tour.

La capacité de résilience n'est pas innée. Elle se bâtit en cultivant un réseau familial et amical de soutiens vers lesquels se tourner en cas de besoin.

Ne vous arrêtez pas aux erreurs. Trouvez une solution.

Henry Ford

Savoir quand et comment demander de l'aide participe de la sagesse.

Soyez un optimiste réaliste : admettez que la vie ne va pas sans épreuves, mais affrontez-les en espérant une solution positive.

Qui cède à la colère
perd la bataille.

Mieux vaut quelques vrais bons amis que beaucoup de faux.

Il arrive que ceux ayant réchappé d'une grave maladie la considèrent comme un appel à la prise de conscience ; cela les encourage à se concentrer sur l'essentiel et à vivre pleinement leur vie.

Avant d'essayer de comprendre autrui, il faut se comprendre soi-même.

Partager son chagrin rapproche parfois des êtres aimés.

À nos discours veillons toujours,
Brefs et bons sachons les garder,
Car nous ne savons pas quel jour,
Il nous faudra les ravaler.

Soyez vous-même.
Personne d'autre
n'en est plus capable
que vous !

Marchez au pas de votre propre rythme.

Toute vérité passe par trois étapes avant d'être admise. D'abord, elle est tournée en ridicule ; ensuite, elle est contrée ; enfin, elle est reconnue comme évidente.

Arthur Schopenhauer

Aie le courage de reconnaître tes erreurs.

Croyez aux miracles... mais n'en attendez rien !

Évite de dire aux gens que tu es un sage. Tu vas être obligé de le leur démontrer.

L'amitié est l'amour sans ailes.

Lord Byron

Si les problèmes de l'existence étaient insurmontables, on ne parlerait pas de course d'obstacles.

L'amour est la suprême sagesse et la suprême grandeur d'âme.

George Sand

On peut aimer la solitude
sans être misanthrope.
Jean-Jacques Rousseau

Aussi long soit l'hiver, le printemps ne manquera pas d'arriver.

Inutile de vouloir revenir en arrière pour tout recommencer. Repartez d'où vous êtes et terminez différemment.

Placez votre avenir entre de bonnes mains : les vôtres.

L'amour tantôt aveugle, tantôt ouvre les yeux.

Les paroles sans les pensées ne vont jamais au ciel.

William Shakespeare

On se croit incapable d'accomplir bien des choses... jusqu'à ce qu'on les entreprenne !

L'automne est un second printemps où chaque feuille est une fleur.

Albert Camus

Quand nous échappe ce que nous aimons, contentons-nous d'aimer ce qui est à notre portée.

Ralentir est rarement une perte de temps. Cela peut même devenir une façon d'en gagner pour mieux en profiter.

Jouez de la musique, pas de l'instrument.

Les conseils, c'est ce que nous demandons quand nous connaissons la réponse mais préférerions ne pas la connaître. *Erica Jong*

Il est toujours sage d'être gentil. Même si vous n'êtes pas payé en retour, les autres s'inspireront peut-être de votre attitude.

Une bonne humeur permanente est signe de sagesse.

Je n'ai cessé d'échouer dans la vie.
C'est pour ça que j'ai réussi.
Michael Jordan

Reste assis en silence, ne fais rien. Le printemps vient, l'herbe pousse toute seule. ***Proverbe zen***

C'est bon d'être important, mais plus important d'être bon.

La meilleure part de la vie d'un homme bon, / Ses petits gestes, indéfinissables, oubliés / De bonté et d'amour.

William Wordsworth

Soyez courtois envers tous ceux que vous croisez. Non parce qu'ils sont gentils, mais parce que vous l'êtes.

Être parent est le seul boulot où réussir entraîne le chômage.

Si jeunesse savait,
si vieillesse pouvait.

La musique qu'on n'entend plus / Mais qu'on devient / tant qu'elle dure.

T. S. Eliot

La sagesse naît de l'écoute, pas de la parole.

Le sage sait non seulement discerner le bien du mal et le vrai du faux, mais il agit en fonction.

Quand tu donnes des conseils,
tâche d'aider l'ami,
pas de lui faire plaisir.
Solon

La sagesse ne consiste pas à suivre les règles mais à les édicter.

Je néglige toujours
les bons conseils.
C'est la seule chose à faire.
Ils ne servent à rien.

Oscar Wilde

Pour faire les choses, la routine est nécessaire. Mais il est également nécessaire de la briser pour réagir à l'instant présent.

Rumeurs et mensonges avancent la main dans la main.

Nous perdons souvent la bataille de la sagesse. Mais quand nous remportons une victoire, le butin est immense : paix intérieure, plénitude et confiance en notre jugement.

Ne sommes-nous pas faits, tels des notes de musique,
L'un pour l'autre, bien que dissemblables ?

Percy Bysshe Shelley

Vivez dans la bienveillance.
Aidez les autres à cheminer.

Je suis une chose
qui pense, c'est-à-dire
qui doute.

René Descartes

La sagesse consiste à voir ce qu'il faut faire sans se laisser aveugler par ses propres désirs et craintes, ses affections et ses détestations personnelles.

Les enfants manquent peut-être de sagesse, mais ils sont souvent plus honnêtes que les adultes qui les entourent.

Un bon conseil n'a pas de prix.

On n'a vraiment saisi la nature humaine que quand on a compris pourquoi un enfant sur un manège fait un signe à ses parents chaque fois qu'il passe devant eux, et pourquoi ces derniers lui répondent systématiquement. ***William D. Tammeus***

Le simple est le sceau du vrai.

Ludwig Wittgenstein

La sagesse, c'est : comprendre, agir, réfléchir, expérimenter, compatir, anticiper, être prudent et clairvoyant et, surtout, aimer.

Bien des vies ratées ont été menées par des gens qui n'avaient pas compris qu'ils étaient tout près du succès et qui ont renoncé. *Thomas Edison*

L'univers est un système immense et complexe. N'oubliez jamais que vous n'en êtes qu'une minuscule composante, pas le centre.

La sagesse, c'est la capacité à voir
les choses du point de vue du tout.

Aucun psychiatre au monde ne vaut un chiot qui vous lèche les joues.

Bernard Williams

Les sages ne possèdent pas la sagesse, ils l'aiment.

La sagesse est une vertu
couramment louée
mais rarement expliquée.

Je crois que la sagesse consiste à se préoccuper énormément de quelques petites causes justes et de se moquer comme d'une guigne du reste.

John Buchan

La sagesse est rarement innée. Elle vient plus communément de l'expérience.

Qu'est-ce qui nous rend sages ?
D'abord, de vastes connaissances
et une grande expérience.
Ensuite, notre aptitude à bien vivre.
Enfin, l'exemple que nous donnons
aux autres.

Il suffit de rendre les armes devant l'air pour s'envoler.

Toni Morrison

Un ami plein de sagesse vous comprend mieux que vous-même.

Un bon livre est comme un jardin enclos qu'on transporte dans sa poche.

Proverbe chinois

Une génération plante un arbre,
la suivante profite de son ombre.

**Si tu as un arbre
verdoyant
dans le cœur,
un oiseau chanteur
le trouvera
peut-être.**

Être sage, c'est éviter de se retrouver dans des situations qui feraient de la sagesse une nécessité. ***Doug Larson***

Notre consommation dépasse de loin nos besoins.

Nous savons que, avec le temps, tout change. Alors, pourquoi le moindre changement nous surprend-il ?

Si vos journées sont bien remplies et suivent une routine stricte, la vie passe très vite. Pour la ralentir, prenez parfois un peu de temps pour vous.

Ceux qu'on aime ne meurent pas
Puisque l'amour est immortel.
Emily Dickinson

La vraie sagesse, c'est voir les autres tels qu'ils sont, pas tels qu'on voudrait qu'ils soient.

Toute vérité n'est pas bonne à dire.

Si vous traversez l'enfer, ne vous arrêtez pas.
Winston Churchill

Quand tu perds, au moins
que la leçon apprise
ne soit pas perdue.

Tu as l'avenir devant toi
Comme la neige, immaculé.
Veille où tu poseras les pieds,
Car la moindre trace se voit.

Nous n'atteignons jamais vraiment nos buts car, sitôt que nous y arrivons, nous en découvrons un nouveau.

La nature est un puits de sagesse. Il suffit de l'observer. Que ce soit dans les saisons qui passent ou dans les liens qui unissent la faune et la flore.

Réfléchir à un problème est le premier pas vers sa résolution.

Tu ne grimperas jamais en vain
dans les montagnes de la vérité :
soit qu'aujourd'hui déjà tu parviennes
à monter plus haut, soit que tu exerces
tes forces pour pouvoir monter demain.
Friedrich Nietzsche

Aimons-nous nous-mêmes avant d'attendre que les autres nous aiment.

Le rire est bénéfique. On n'en a jamais trop !

La petite vérité a les mots qui sont clairs ; la grande vérité a le grand silence.

Rabindranath Tagore

Craindre de faire des erreurs
est sans doute la plus grande erreur
qu'on puisse faire.

Pose des questions qui viennent du cœur, tu auras des réponses qui viennent du cœur.

Proverbe amérindien

Il existe de plus nobles ambitions que de simplement s'élever dans le monde. C'est de se baisser et de hisser l'humanité un peu plus haut.

Henry van Dyke

Mieux vaut être seul
que mal accompagné.

Gardez les yeux rivés sur les étoiles et les pieds sur terre.

Theodore Roosevelt

Ne différez pas l'expérience de la joie en attendant d'avoir appris toutes les leçons de la vie. La joie est la grande leçon de la vie.
Alan Cohen

Qui cherche la sagesse peut la trouver dans l'infini de la mer, la grandeur du ciel, le scintillement des étoiles la nuit ou une simple feuille d'automne qui tombe sur le sol.

Nous avons toujours la liberté de faire des choix, même quand les circonstances limitent ces choix.

Notre mode de vie devrait refléter nos valeurs fondamentales.

Qui ne s'égare pas
n'a aucune chance
d'être retrouvé.

Le vrai sage sait comment gérer les déceptions de l'existence, pas seulement ses succès.

La sagesse consiste à réfléchir longuement et mûrement avant d'agir.

Le vrai silence est le repos de l'esprit, il lui est ce que le sommeil est au corps : détente et ressourcement.

William Penn

Atteindre ses buts n'est pas toujours aussi excitant qu'on pourrait le croire. Il arrive, si l'on se retourne, qu'on constate qu'on était plus heureux tant qu'on y aspirait.

Avant de mourir, tout homme devrait s'efforcer de découvrir ce qu'il fuit, ce vers quoi il fuit et pourquoi il fuit.

James Thurber

Avoir des tas de choix dans la vie ne rend pas forcément heureux. Cela peut même rendre malheureux, car on s'inquiète toujours d'avoir fait les mauvais.

Proverbes

Au fil du temps, quelque soit leur pays ou leur origine, des hommes ont tiré de leur expérience des conseils pleins de bon sens. Parfois poétiques, parfois drôles, ils sont parvenus jusqu'à nous sous forme de proverbes et de dictons. Nous ignorons souvent l'origine de ces aphorismes, mais leur côté incisif laisse à penser qu'ils représentent l'essence même de la sagesse transmise par de multiples générations.

On n'arrête pas le temps qui passe.

Qui sait peu répète beaucoup.

Offre un poisson à un homme, ça lui fera son repas du jour. Apprends à un homme à pêcher, ça lui fera les repas d'une vie.

Choisis ton voisin avant de choisir ta maison.

Apprends à marcher avant d'essayer de courir.

Un cœur aimant ne connaît pas de rides.

Loin des yeux, loin du cœur.

Qui voyage seul
avance plus vite.

L'enfer est pavé de bonnes intentions.

Les vieux péchés dessinent de longues ombres.

Hâte-toi lentement.

Le sage se tait.

Problème partagé est diminué de moitié.

Ne crois rien de ce que tu entends, et de ce que tu vois la moitié seulement.

On ne fait pas boire un âne qui n'a pas soif.

Ne juge pas ton voisin avant d'avoir marché deux lunes dans ses mocassins.

Il faut manger pour vivre, et non vivre pour manger.

L'oisiveté est mère de tous les vices.

Un tiens vaut mieux que deux tu l'auras.

La beauté est dans l'œil de celui qui regarde.

Toutes les bonnes choses ont une fin.

Il ne faut pas vendre la peau de l'ours avant de l'avoir tué.

Si un aveugle mène un aveugle, tous deux tombent dans le trou.

Ce sont ceux qui en disent le plus
qui en savent le moins.

**Il y a des limites
à tout.**

Un imbécile et son argent sont bientôt séparés.

Les jeunes hommes croient que les vieux sont sots ; les vieux hommes savent que les jeunes sont sots.

Hier est fait de cendres,
demain de bois.
Il n'y a qu'aujourd'hui
que le feu crépite.

Le malheur des uns fait le bonheur des autres.

On ne juge pas un livre à sa couverture.

C'est dans les vieux tonneaux qu'on fait les meilleurs vins.

Sagesse et vertu sont les deux roues d'un même chariot.

Seuls les sots
dédaignent l'ordinaire.

On ne fait pas d'omelette sans casser les œufs.

Moins on en parle, mieux on se porte.

Aimer, c'est accepter des autres.

Ce qui est bon pour l'un est bon pour l'autre.

Chacun est l'artisan de sa fortune.

Qui sème le vent, récolte la tempête.

Qui veut, peut.

Il ne faut pas jeter d'huile sur le feu.

Quand un père donne à son fils, tous deux rient ; quand un fils donne à son père, tous deux pleurent.

Un ami est le plus grand trésor dans la vie.

L'habit ne fait pas le moine.

Santé vaut mieux que richesse.

C'est en forgeant qu'on devient forgeron.

L'histoire est le maître de la vie.

Mieux vaut mourir en combattant que vivre en fuyant.

Rome ne s'est pas faite en un jour.

Le temps fuit, l'éternité perdure.

La boisson est le fléau du pays. Elle te pousse à te battre avec ton voisin. Elle te fait tirer sur ton propriétaire, qui finit par te manquer.

Enfant sans père
est à demi orphelin.

Il n'y a pas de fumée sans feu.

Une hirondelle ne fait pas le printemps.

Qui triomphe de soi, triomphe de tout.

Écoute la voix de la nature, car elle recèle des trésors.

Chassez
le naturel,
il revient au galop.

Si vous vous mettez en colère,
ne péchez point ; que le soleil
ne se couche pas sur votre colère.

Il est facile d'être courageux de loin.

**L'arrogance précède la ruine,
et l'orgueil précède la chute.**

Tout le monde est fait de la même pâte mais pas cuit dans le même four.

Ventre affamé n'a pas d'oreilles.

L'avenir appartient à ceux qui se lèvent tôt.

L'herbe est toujours
plus verte ailleurs.

Si tu épouses un singe pour son argent, la fortune s'évapore, et le singe reste.

Le vieux cheval dans l'écurie aspire encore à courir.

Qui donne aux pauvres
prête à Dieu.

Conseils judicieux

La sagesse n'est pas forcément grave et mystérieuse. Elle peut être pratique, pleine de bon sens, terre à terre. Voici une suite de réflexions, d'idées et de leçons de vie à travers des conseils très précieux.

Un sage fait le bonheur de deux.

Chacun écrit l'histoire de sa vie.
Chaque jour est un nouveau paragraphe, une nouvelle page, un nouveau chapitre, voire un nouveau livre.

L'inquiétude n'empêche pas le chagrin de demain, elle se borne à priver aujourd'hui de sa joie.

Leo Buscaglia

Faute de grives, on mange des merles.

Tu n'es pas unique.
Un être humain avant toi,
en d'autres temps et lieux,
a traversé les mêmes
écueils que toi, vécu
des joies et des douleurs,
des désespoirs et des
espérances identiques.
C'est ça, la vie.

La fortune sourit aux audacieux.

Proverbe latin

Il existe deux remèdes
aux malheurs de la vie :
la musique et les chats.
Albert Schweitzer

On ne vit qu'une fois.

Parfois, un coup du sort
se révèle être un cadeau
qui apporte amour, courage,
force et bonté à soi-même
et autrui, autant de qualités
jusqu'alors cachées.

La connaissance du possible est le début du bonheur.

George Santayana

On ne devrait pas réserver l'empathie aux grandes occasions mais en faire un état d'esprit permanent caractérisé par l'ouverture et la sensibilité aux émotions d'autrui.

Ce qui vient du cœur
va au cœur.
Samuel Coleridge

Il est facile de s'emporter, plus difficile d'expliquer poliment ce dont on a besoin, pourquoi ces besoins n'ont pas été satisfaits et comment y remédier à l'avenir.

La fin justifie les moyens.

Chaque jour commence
par un acte de courage
et d'espoir : se sortir du lit.

Mason Cooley

Que souhaiter à nos enfants ? Le bonheur ? Certes, mais aussi qu'ils soient eux-mêmes, qu'ils tracent leur propre route, où qu'elle les mène.

La gratitude, c'est la meilleure attitude.

Si la peur est légitime en cas de danger, elle ne devrait jamais se transformer en pressentiment permanent que les choses vont mal tourner.

Aucune route n'est longue aux côtés d'un ami.

Proverbe japonais

Respecte-toi, et on te respectera.

Il arrive à tout le monde de se mentir. Mais seuls les sages savent pourquoi et quand ils le font, et savent par conséquent s'arrêter à temps.

Veille à ourler tes aubaines pour qu'elles ne s'effilochent pas.

Ce qui se conçoit bien s'énonce clairement.

Nicolas Boileau

Si les souvenirs sont un précieux rappel de notre passé, ils ne devraient pas l'emporter sur le présent ou l'avenir.

Paradoxe curieux, c'est quand on s'accepte tel qu'on est qu'on est en mesure de changer.

Carl Rogers

La vie est une aventure,
ne passe pas à côté.

Se plaindre trop souvent en dit plus sur la vision négative qu'on a de la vie que cela ne trahit de vrais problèmes.

Celui qui sait se suffire est toujours content de son sort.

Lao-tseu

La gratitude fait d'un simple repas un festin de roi.

Ne t'en veux pas d'avoir échoué, mais reproche-toi de ne pas avoir essayé.

Vivre avec peu de moyens signifie privilégier l'élégance au luxe et le raffinement à la mode ; chercher à être méritant plutôt que respectable et fertile plutôt que fortuné ; écouter les étoiles et les oiseaux, les petits et les sages avec l'esprit ouvert ; étudier assidûment et réfléchir en silence, agir avec franchise et parler avec bienveillance ; attendre les occasions et ne jamais se presser. Autrement dit, permettre au spirituel, au spontané et à l'inconscient de supplanter le vulgaire. Telle est ma symphonie.

William Ellery Channing

« Maintenant » est la devise du sage.

Ce n'est pas parce que vous serez généreux, bon et courtois que les autres vous imiteront forcément. Il leur faudra peut-être un peu de temps pour suivre votre exemple.

Gagner de l'argent est comme creuser avec une aiguille ; le dépenser est comme verser de l'eau sur le sable.
Proverbe japonais

Le sage corrige ses erreurs en observant celles des autres.

Le meilleur chemin vers la sagesse est la curiosité ; le meilleur guide, l'humilité.

Il faudrait [...] entendre tous les jours un chant agréable, lire de bons vers, voir une belle peinture et, s'il était possible, dire quelques paroles raisonnables.

Johann Wolfgang von Goethe

L’esprit, à l’instar
du corps, a besoin
de la discipline
quotidienne
de l’exercice.
Si l’on ne s’en sert
pas régulièrement,
on finit par ne plus
savoir réfléchir
et se concentrer.

Sans espoir, le cœur ne résisterait pas.

Veillez toujours à garder l'esprit ouvert. Certaines idées vous hérisseront sans doute d'emblée, mais examinez-les sous tous les angles avant de les rejeter.

Il faut parfois
que le jardinier sème
beaucoup de graines
pour n'obtenir
qu'une seule fleur.

On guérit de tout, sauf de la mort.

Tâche de voir la beauté du monde qui t'entoure et de le rendre encore plus beau, même si c'est de façon insignifiante.

Le sage cherche plus le bon que le pire, chez autrui.

Si nous pouvions
apprendre à nous
aimer, ne serait-ce
qu'un peu,
nos cruautés
et nos colères
se dissiperaient
peut-être.

John Steinbeck

Qu'est-ce que les autres auront appris de vous lorsque vous quitterez cette terre ? Posez-vous la question. Si vous n'y trouvez pas de réponse, commencez à réfléchir à votre façon de vivre.

La vision sans action relève de la rêverie ; l'action sans vision, du cauchemar.

Pensez à une personne que vous aimez. Qu'aimez-vous chez elle ? Pourrait-elle en dire autant de vous ou vos qualités sont-elles différentes ?

Ne soyez pas en peine de ce que personne ne vous connaît ; travaillez à vous rendre digne d'être connu. *Confucius*

Tout le monde n'est pas sage. Il arrive que nous appréciions la fantaisie en nos amis, les membres de notre famille... et nous-mêmes. Car c'est elle qui nous rend humains.

Même une horloge
arrêtée a raison
deux fois par jour.

**Ne cherche pas l'amour,
laisse-le te trouver.
Ainsi, tu tomberas
sans qu'on t'ait poussé.**

Ce n'est pas parce ce qu'on ne peut pas tout changer qu'il ne faut pas essayer de changer quelque chose.

La plupart des gens préféreraient mourir plutôt que réfléchir... d'ailleurs, c'est ce qu'ils font.

Bertrand Russell

Si tu peux quitter ce monde en sachant que tu y as apporté un brin d'amour, de paix, de joie et de sagesse, même si ce n'est qu'un tout petit peu, alors ta vie aura valu la peine d'être vécue.

Un prophète n'est méprisé que dans sa patrie. *La Bible*

Il convient à un homme cultivé de ne chercher la rigueur pour chaque genre de choses que dans la mesure où la nature du sujet l'admet.
Aristote

Les jours s'écoulent trop lentement, les années trop vite. Tel est le paradoxe du temps que nous avons tant de difficultés à admettre.

Quand les gens s'ennuient, c'est surtout d'eux-mêmes.

Eric Hoffer

Le quotidien est surtout fait de corvées routinières. Mais si nous tâchons de les accomplir avec amour, bienveillance et concentration, elles nous sembleront vite moins pénibles.

J'aimerais pouvoir te montrer, quand tu es seul ou dans l'obscurité, la lumière stupéfiante de ton être. *Hafez*

C'est en éduquant les autres que nous nous éduquons nous-mêmes.